Analyse de l'œuvre

Par Luigia Pattano et René Henri

La Vérité sur l'affaire Harry Quebert

de Joël Dicker

lePetitLittéraire.fr

Rendez-vous sur lepetitlitteraire.fr et découvrez :

Plus de 1200 analyses
Claires et synthétiques
Téléchargeables en 30 secondes
À imprimer chez soi

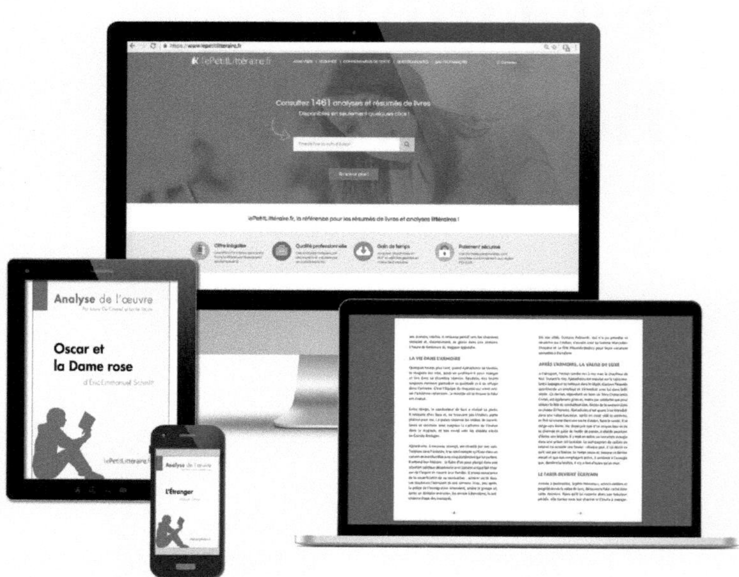

JOËL DICKER   1

LA VÉRITÉ SUR L'AFFAIRE HARRY QUEBERT   2

RÉSUMÉ   3

Un amour meurtrier
Une enquête semée d'embuches
Un coupable désigné
La terrible vérité

ÉTUDE DES PERSONNAGES   10

Marcus Goldman
Harry Quebert
Nola Kellergan
Perry Gahalowood
Travis Dawn
Le chef Pratt
Luther Caleb
Elijah Stern
Roy Barnaski

CLÉS DE LECTURE   16

Un roman à énigme
Un métarécit
Un roman sur l'Amérique
Marcus Goldman, personnage phare de Dicker ?

PISTES DE RÉFLEXION   27

JOËL DICKER

ÉCRIVAIN SUISSE DE LANGUE FRANÇAISE

- **Né en 1985 à Genève**
- **Quelques-unes de ses œuvres :**
  - *Les Derniers Jours de nos pères* (2010), roman
  - *La Vérité sur l'affaire Harry Quebert* (2012), roman
  - *Le Livre des Baltimore* (2015), roman

Suisse de langue française, Joël Dicker est né en 1985 à Genève. Diplômé en droit, il a toujours cultivé une véritable passion pour l'écriture. Celle-ci se manifeste précocement : à l'âge de 10 ans, il fonde une revue sur la nature qui lui vaut le titre de « plus jeune rédacteur en chef de Suisse ».

En 2005, sa nouvelle *Le Tigre* est primée et publiée dans le cadre d'un concours littéraire. Il s'attache par la suite à l'écriture romanesque. En 2010, *Les Derniers Jours de nos pères*, récit historique sur l'apport des Britanniques à la Résistance française, décroche le prix des écrivains genevois, mais il ne sera publié qu'en 2012.

LA VÉRITÉ SUR L'AFFAIRE HARRY QUEBERT

UN POLAR PASSIONNANT !

- **Genre :** roman
- **Édition de référence :** *La Vérité sur l'affaire Harry Quebert*, Paris, Éditions de Fallois, 2012, 670 p.
- **1ʳᵉ édition :** 2012
- **Thématiques :** enquête, meurtres, écriture, société de l'information, succès

Publié en septembre 2012, *La Vérité sur l'affaire Harry Quebert* est le second roman de Joël Dicker. L'histoire se déroule sur la côte Est des États-Unis pendant l'été 2008. Marcus Goldman, un jeune romancier, décide d'enquêter sur une affaire sordide concernant son ancien professeur d'université : le grand écrivain Harry Quebert, accusé du meurtre d'une vieille dame et d'une fille de 15 ans avec laquelle il aurait entretenu une relation amoureuse. Le récit est rapporté à la première personne du singulier par Marcus et est parsemé de citations des manuscrits évoqués dans le texte.

Ce roman policier nous offre un instantané de la société américaine contemporaine et des pistes de réflexion sur des sujets variés : l'amour, l'amitié, l'écriture, le succès ou encore la société de l'information.

RÉSUMÉ

Le roman se compose de trois parties portant chacune un titre et un sous-titre qui évoquent le travail d'écriture du narrateur. Chaque section est en outre partagée en chapitres numérotés par ordre décroissant. Le nombre de chapitres correspond au nombre de conseils d'écriture et de vie que Harry Quebert a donné à Marcus Goldman lorsqu'il était son professeur. Ces conseils sont présentés au début de chaque chapitre. Notons que le présent résumé ne suit pas la structure du roman.

UN AMOUR MEURTRIER

Sacré nouvelle étoile de la littérature américaine lors de la parution de son premier roman en 2006, Marcus Goldman est en mal d'inspiration. Pressé par son éditeur, Roy Barnaski, il appelle son ancien professeur, Harry Quebert, lui-même écrivain, qui l'invite à passer quelques semaines chez lui, à Aurora. Le 6 mars 2008, alors qu'il est chez Harry, Marcus apprend une vérité terrible : pendant l'été 1975, Harry, alors âgé de 34 ans, a entretenu une relation amoureuse avec Nola Kellergan, de presque 20 ans sa cadette. Le 30 aout de la même année, celle-ci a disparu dans des circonstances mystérieuses.

Le 12 juin 2008, Marcus reçoit un appel de Harry lui annonçant que le corps de Nola a été découvert dans le jardin de Goose Cove, sa résidence. Harry est le premier suspect non seulement du meurtre de la jeune fille, mais aussi de celui d'une vieille dame, Deborah Cooper. Les médias s'emparent de l'affaire qui fait encore plus de bruit lorsque Harry avoue avoir été amoureux de Nola. Harry est incarcéré, et Marcus s'installe à Goose Cove pour être proche de son ami.

En prison, ce dernier lui révèle que Nola et lui avaient planifié de s'enfuir ensemble le soir du 30 aout. Il lui demande en outre de bruler son manuscrit des *Origines du mal*, le chef-d'œuvre qui a lancé sa carrière quelques années auparavant. Très vite, le roman fait scandale lorsque la presse annonce que Harry l'a écrit pour Nola.

UNE ENQUÊTE SEMÉE D'EMBUCHES

Le 18 juin 2008, Marcus débute l'investigation sur les meurtres de 1975 afin de faire éclater la vérité et de disculper son ami. Il interroge alors les habitants d'Aurora. Il apprend par le chef de police, Travis Dawn, que la seule piste de l'époque, une Chevrolet noire, amenait à soupçonner Harry. En inspectant le lieu du crime, il rencontre le sergent Perry Gahalowood qui lui ordonne de ne pas se mêler de l'enquête. Peu de temps après, Marcus commence à recevoir des menaces anonymes, et quelqu'un met le feu à la Corvette de Harry.

Tout au long de l'enquête, Marcus continue à rendre visite à Harry. Celui-ci lui dévoile certains éléments sur son idylle avec Nola. Il lui raconte qu'il se rendait au Clark's pendant l'été 1975, pour travailler à son roman et observer Nola, dont il était amoureux. Il évoque également la journée qu'il a passée seul avec elle à Rockland et raconte comment Jenny, la serveuse du Clark's, était tombée amoureuse de lui. Craignant les sentiments qu'il éprouvait pour Nola, Harry avait décidé de sortir avec Jenny. Lorsque Marcus interroge cette dernière sur sa relation avec Harry, elle lui avoue qu'elle a toujours été éprise de lui.

Lors de l'une de ses visites, Harry raconte à Marcus sa deuxième sortie avec Jenny. Nola les avait vus ensemble et avait fait une crise de jalousie. Le soir, Harry avait commencé la rédaction de son roman.

Marcus interroge ensuite la mère de Jenny. Celle-ci lui confie que pendant l'été 1975, elle avait découvert un document attestant que Harry avait des vues sur Nola. Après l'avoir montré au chef de police de l'époque, Pratt, elle l'avait caché dans un coffre au Clark's, mais le feuillet avait mystérieusement disparu. Lorsque Marcus interroge Robert Quinn, le père de Jenny, celui-ci lui avoue avoir volé et brulé, à la demande de Nola, le feuillet de Harry que sa femme avait gardé dans un coffre.

Au vu de l'engouement que suscite l'affaire, Barnaski propose à Marcus de profiter de la situation pour publier un ouvrage sur le sujet. Un jour, pris par une puissante envie d'écrire, Marcus se lance dans la rédaction d'un livre sur Harry. Il signera plus tard un contrat avec Barnaski.

UN COUPABLE DÉSIGNÉ

Le 22 juin 2008, Marcus questionne le révérend David Kellergan, le père de Nola. Il apprend qu'avec Nola a été retrouvé le manuscrit des *Origines du mal* portant cette inscription : « Adieu, Nola chérie. » Quatre jours plus tard, Nancy Hattaway, une ancienne amie de Nola, confie au jeune romancier que celle-ci se plaignait d'être battue par sa mère et qu'elle avait une relation avec un certain Elijah Stern. C'était le chauffeur de ce dernier, Luther Caleb, qui allait la chercher à Aurora. Lorsque Marcus fait part à Harry de ce qu'il vient d'apprendre, ce dernier lui avoue les raisons de son plan de fuite avec Nola : la violence subie par la jeune fille chez elle.

Par la suite, Marcus découvre que Stern était, en 1975, le propriétaire de Goose Cove. Il se rend donc chez lui et y trouve une toile signée L. C. représentant Nola nue. À l'époque, Harry avait décidé de quitter Goose Cove, après le bal d'été d'Aurora, parce qu'il était à court d'argent, mais Stern lui avait demandé de rester en tant qu'invité.

Marcus fait part de ses découvertes au sergent Gahalowood qui accepte enfin sa collaboration. De son côté, le sergent apprend que Caleb a été retrouvé mort dans un accident de voiture le 26 septembre 1975.

Le 3 juillet 2008, Gahalowood et Marcus interrogent le chef Pratt qui avoue avoir eu des rapports sexuels avec Nola. Il est inculpé d'actes sexuels sur une mineure. La police perquisitionne également la maison de Stern : le tableau représentant Nola est saisi. Le 9 juillet, les analyses attestent que le message écrit sur le manuscrit des *Origines du mal* n'est pas de Harry et, suite aux examens graphologiques, ce dernier est libéré.

Quelques jours plus tard, Gahalowood interroge Stern et découvre qu'il est homosexuel. Nola lui avait demandé du travail pour pouvoir payer la location de Goose Cove à la place de Harry. Elle avait accepté la proposition de Caleb de poser nue pour des tableaux.

Cependant, de nouvelles menaces arrivent, et quelqu'un met le feu à Goose Cove. La police trouve sur place un bidon d'essence sur lequel on relève une empreinte digitale. Harry chasse Marcus de chez lui en raison du livre de ce dernier.

Le 18 juillet, Gahalowood et Marcus interrogent la sœur de Caleb. Celle-ci leur raconte l'histoire de son frère : l'agression qu'il a subie à 18 ans, la solitude qui s'ensuivit, la proposition de travail de Stern, sa passion pour la peinture, etc. Elle leur dit en outre qu'il était amoureux de Nola et qu'il avait disparu quelques jours avant elle. Les soupçons se tournent alors vers Caleb.

Le sergent apprend aussi qu'il est mort dans une Chevrolet noire. Gahalowood et Marcus rendent alors visite au policier qui avait enquêté sur son décès : ce dernier avait fait le lien avec la disparition de Nola à l'époque, mais le chef Pratt l'avait exclu. Ils rendent donc visite à Pratt, mais ils le trouvent mort.

Le 30 juillet 2008 a lieu l'enterrement de Nola. Le 3 aout, l'analyse graphologique révèle que Caleb est l'auteur de l'inscription sur le manuscrit que Nola portait sur elle. Un rapport conclut donc que Luther Caleb est l'assassin de Nola Kellergan et de Deborah Cooper. À la fin du mois, Marcus achève son livre : *L'Affaire Harry Quebert*. À sa publication, le roman rencontre un succès immédiat.

LA TERRIBLE VÉRITÉ

Quelques semaines plus tard, Gahalowood appelle Marcus pour lui annoncer une terrible découverte : la mère de Nola est morte en 1969, soit six ans avant la disparition de sa fille. Ils décident alors de se rendre en Alabama où ils découvrent que Louisa Kellergan est décédée dans l'incendie de sa maison provoqué volontairement par sa fille. À 9 ans, Nola avait donc tué sa mère. On l'avait exorcisée pour la délivrer du mal en la battant. Nola avait alors développé un dédoublement de la personnalité : se prenant pour sa mère, elle se battait elle-même.

De son côté, Harry disparait, laissant à Marcus un manuscrit intitulé *Les Mouettes d'Aurora*.

Le père Kellergan confirme les dires du pasteur et explique qu'ils avaient quitté l'Alabama dans l'espoir que Nola guérisse. Mais le soir du 30 aout 1975, Nola avait eu une crise terrible. Le révérend avait trouvé sur son lit une lettre de rupture, cette même lettre sur laquelle se termine *Les Origines du mal*. Alors que l'enquête semble être dans une impasse, la police découvre que les empreintes identifiées sur le bidon d'essence trouvé près de Goose Cove coïncident avec celles de Robert Quinn.

Après avoir suivi le nouveau suspect, Gahalowood fait fouiller le lac de Montburry. Les plongeurs retrouvent un révolver et un collier en or avec le prénom « Nola » inscrit dessus. Interrogé, Travis, l'époux de Jenny, fait tomber les soupçons sur son beau-père en produisant de fausses preuves. Robert avoue le meurtre de Nola et de Deborah Cooper, mais sa version ne coïncide pas avec les différents éléments trouvés durant l'enquête.

Par conséquent, Gahalowood réalise que les indices que Travis lui a fournis sont faux. Robert avoue finalement qu'il protège sa fille Jenny et Travis, les véritables coupables, avec Pratt, des meurtres de Nola Kellergan, de Deborah Cooper et de Luther Caleb. On découvre également que c'est Travis qui a tué Pratt, car celui-ci était sur le point de révéler leurs crimes. Jenny et Travis sont donc arrêtés.

Le 18 décembre 2008, Harry se présente chez Marcus. Ce dernier lui raconte que Stern faisait partie de la bande qui avait agressé Caleb à 18 ans. Il l'avait embauché parce qu'il culpabilisait. Lorsque Stern lui avait montré la correspondance entre Caleb et Nola, Marcus avait compris que Caleb était l'auteur des *Origines du mal*. Harry n'avait écrit que *Les Mouettes d'Aurora*. Harry explique alors que Caleb lui avait donné son manuscrit pour qu'il le lise et qu'il avait directement compris qu'il s'agissait d'un chef-d'œuvre. À la mort de Caleb, il avait décidé de le reprendre à son compte : il avait donc construit sa carrière sur un mensonge. Avant de quitter Marcus pour toujours, Harry lui demande d'écrire la vérité sur son histoire.

ÉTUDE DES PERSONNAGES

MARCUS GOLDMAN

Marcus, le narrateur principal, est un jeune écrivain à succès. Né dans une famille de la classe moyenne, il a toujours eu une seule ambition : devenir un auteur célèbre. À l'époque de l'affaire Harry Quebert, en 2008, il a 30 ans, est déjà l'auteur d'un premier bestseller et s'apprête à en publier un deuxième. Sur son aspect physique, on ne sait presque rien, si ce n'est que plusieurs personnages le trouvent beau.

Quant à son passé, c'est lui-même qui nous en parle (chapitres XXX et XXVIII) en évoquant ses années de lycée à Newark et ses études universitaires à Burrows. Incapable d'accepter les défis car terrorisé à l'idée de les perdre, Marcus a réussi à imposer aux autres une image extraordinaire de lui en trichant sur ses habilités et surtout en évitant de se confronter à ceux qui auraient pu le vaincre. Au lycée, on le surnommait « le Formidable ». À Burrows, sa rencontre avec Harry Quebert, professeur de lettres et écrivain de renom, a été fondamentale. C'est à ce moment que Marcus a pris conscience de son réel talent. Harry l'a poussé à dépasser ses limites. Entre prof et élève s'est instaurée une relation spéciale. Durant leurs rencontres, Harry lui donnait des conseils d'écriture ou de vie en évoquant la boxe, leur passion commune.

Lorsque, le 12 juin 2008, l'affaire Harry Quebert éclate, Marcus comprend qu'il doit aller dans le New Hampshire pour défendre son maitre et ami. Il commence à enquêter sur les mystérieux évènements de 1975 en épaulant le sergent Gahalowood. Les résultats de la première partie de l'enquête constituent la matière de son premier livre : *L'Affaire Harry Quebert*, qui parait à l'automne 2008. Les découvertes successives le poussent à entamer la rédaction d'un deuxième texte : *La Vérité sur l'Affaire Harry Quebert*.

HARRY QUEBERT

Harry Quebert a 67 ans lorsqu'il est arrêté par la police le 12 juin 2008. Il est le principal suspect dans la mort de Nola Kellergan et de Deborah Cooper, tuées le 30 aout 1975.

Physiquement, on sait qu'il a toujours été très élégant. Jeune, il habitait New York, où il enseignait, et rêvait de devenir un grand écrivain. Pendant l'été 1975, il s'est installé à Aurora, dans le New Hampshire, où, malgré la différence d'âge, il est tombé amoureux de Nola. Avec elle, il a vécu une grande histoire d'amour qui lui a inspiré un roman : *Les Mouettes d'Aurora*. Peu avant la disparition de Nola, Luther Caleb lui a confié son premier texte pour qu'il le lise et lui donne son avis. Harry a directement compris que le récit de Caleb était un chef-d'œuvre. Après la disparition de Nola et la mort de Caleb, il a décidé de s'approprier cet ouvrage, qui est paru sous le titre *Les Origines du mal* en 1976 et qui lui a valu la consécration littéraire. En 2008, son arrestation et la découverte de sa relation avec une jeune fille de 15 ans entrainent sa chute. Accablé de honte, il avoue tout à Marcus, mais il refuse l'amitié de ce dernier.

NOLA KELLERGAN

Nola Kellergan était la fille unique de David et de Louisa Kellergan, des évangélistes du Sud des États-Unis. Née en 1960 à Jackson, en Alabama, Nola est arrivée à Aurora avec son père à l'automne 1969. Les habitants adoraient cette jeune fille « douce et attentionnée, douée pour tout et toujours rayonnante » (p. 65). Elle avait toujours un mot gentil pour chacun et « cette joie de vivre sans pareille qui pouvait illuminer les pires jours de pluie » (*ibid.*).

Pendant son enquête, Marcus apprend qu'à 15 ans, c'était une « jolie jeune femme, avec des ravissantes jambes, des seins généreux et un visage d'ange » (p. 172). Elle avait les cheveux blonds ondulés et les yeux verts. Avec un tel physique, elle faisait déjà tourner la tête aux hommes. Il apprend également que sa joie de vivre cachait une grave psychose qui est à l'origine de la mort de sa mère et de la violence qu'elle exerçait sur elle-même.

Pendant l'été 1975, elle a eu une relation amoureuse avec Harry Quebert, mais leur liaison a été interrompue le 30 aout, jour de sa disparition et de sa mort. Son corps n'est retrouvé que trente ans plus tard, le 12 juin 2008, dans le jardin de Harry, lorsque celui-ci veut planter des hortensias. C'est cette découverte qui déclenche l'enquête policière.

PERRY GAHALOWOOD

Perry Gahalowood est sergent de la brigade criminelle de la police d'État. On sait qu'il est Noir et partisan de Barack Obama (homme d'État américain, né en 1961). Son physique puissant et trapu et ses manières rudes peuvent de prime abord faire mauvaise impression. Marcus le décrit d'ailleurs comme « un homme bourru doublé d'une tête de mule » (p. 112). Chargé d'enquêter sur la mort de Nola Kellergan, il se montre en effet très sévère vis-à-vis de l'écrivain lors de leurs premières rencontres. Mais au fur et à mesure, ils deviennent amis et collaborent. On comprend vite que le sergent est en réalité un homme très doux et sensible, aigri par son travail. C'est lui qui soutient Marcus dans les moments les plus difficiles de l'enquête.

TRAVIS DAWN

En 2008, Travis Dawn est le chef de la police d'Aurora et est marié avec Jenny. Il a participé à l'enquête sur la disparition de Nola et sur la mort de Deborah Cooper en 1975. Marcus l'interroge à plusieurs reprises.

Son apparence est trompeuse : Travis se montre toujours disponible et affable ; il ne s'énerve jamais. Pourtant, on apprend à la fin du récit qu'il est responsable avec le chef Pratt de la mort de trois personnes : celle de Luther Caleb, de Nola Kellergan et de Deborah Cooper. Il tue en outre son ancien chef et complice avant qu'il ne révèle la vérité sur leurs actes.

LE CHEF PRATT

Le chef Pratt était le chef de la police d'Aurora pendant l'été 1975. C'est un homme très doux qui s'est pourtant compromis à l'époque en ayant des relations sexuelles avec

Nola Kellergan. En 1975, il a mené l'enquête sur des morts dont il était responsable avec le policier Travis Dawn. À la fois enquêteur et assassin, il est accablé par une grande culpabilité. À l'automne 2008, il est sur le point de tout révéler à la police, mais Travis le tue avant qu'il ne passe à l'acte.

LUTHER CALEB

Luther Caleb a été deux fois victime et bouc émissaire dans l'enquête. Victime d'une agression d'une violence inouïe qui a déformé son corps et sa vie alors qu'il avait 18 ans, c'était un homme qui effrayait à cause de son aspect, mais qui était capable d'une grande douceur. Très doué pour les arts, il était un excellent peintre doublé d'un grand écrivain. En 1975, amoureux de Nola Kellergan qu'il dessinait à longueur de journée, il lui a consacré un roman exceptionnel qui est devenu *Les Origines du mal*. Il a brutalement été tué la même année.

ELIJAH STERN

Elijah Stern est un des hommes les plus riches du New Hampshire et l'ancien propriétaire de Goose Cove, la maison au bord de mer où Harry passe une trentaine d'années. Jeune universitaire, il a fait partie d'une bande nommée Field goal qui a semé la terreur dans le Maine pendant plusieurs weekends. Ivres, ses amis et lui tabassaient les hommes qu'ils croisaient, s'amusant à leur donner des coups de pied dans la figure comme s'il s'agissait d'un ballon. Cela a duré jusqu'au jour où ils sont tombés sur Luther Caleb :

l'agression de celui-ci a été d'une violence telle qu'il a failli en mourir. Stern a longtemps gardé pour lui ce secret qui le tourmentait. Pour rattraper sa faute, il a embauché Luther comme chauffeur et lui a donné tout ce qu'il demandait. Il lui a ainsi permis de peindre Nola nue chez lui pour assouvir ses désirs. Pendant l'enquête de 2008, on le soupçonne d'avoir eu une liaison avec Nola Kellergan. En vérité, Stern est homosexuel.

ROY BARNASKI

Roy Barnaski est l'éditeur de Marcus, propriétaire de la prestigieuse maison d'édition Schmid & Hanson. Doué d'un grand sens du commerce, il partage souvent avec Marcus ses opinions sur l'industrie éditoriale, ainsi que sur les gouts et les demandes du public. C'est un vrai requin dans son domaine, un homme puissant et sans scrupules, qui demande à ses auteurs des livres poubelles « avec du suspense, du sordide et un peu de sexe ». Il offre un contrat d'un million de dollars à Marcus en échange d'un ouvrage sur l'affaire Harry Quebert.

CLÉS DE LECTURE

UN ROMAN À ÉNIGME

Les ingrédients du roman à énigme

La Vérité sur l'affaire Harry Quebert s'inscrit dans le genre du roman policier. Très codé et facilement reconnaissable, ce genre peut toutefois prendre au moins trois formes (ou sous-genres) : le roman à énigme, le roman noir et le roman à suspense.

Le roman policier peut être caractérisé par sa focalisation sur un délit grave, juridiquement répréhensible (ou qui devrait l'être). Son enjeu est, selon les cas, de savoir qui a commis ce délit et comment (roman à énigme), d'y mettre fin et/ou de triompher de celui qui le commet (roman noir), de l'éviter (roman à suspense).

Le cadre est donc juridico-policier avec, pour le roman à énigme qui représente le point de référence symbolique du genre, quelques éléments structurels déterminants : un enquêteur extérieur à l'affaire, une structure duelle et régressive (l'enquête commence après le crime mais, dans son avancée, reconstitue ce qui a précédé le crime), une place essentielle accordée au code herméneutique (la question posée et le retard apporté à sa résolution : énigme, secret, solution partielle, indice, leurre, équivoque, etc.), la généralisation du secret (tout le monde a quelque chose à cacher), le soupçon universel, l'opposition entre l'être et le paraitre... Le roman à énigme se construit en accordant la place centrale à l'enquête qui engendre le récit du crime

(REUTER Y., *Le roman policier*, p. 9-10).

À la lumière de ces informations sur le roman policier, il est évident que l'intrigue de Dicker appartient au sous-genre du roman à énigme. Relevons en particulier :

- la présence d'au moins une victime (au début du roman), qui déclenche une enquête ;
- une structure duelle supposant deux histoires (celle du crime et celle de l'enquête, le but de la deuxième étant de reconstituer la première) ;
- un jeu intellectuel entre enquêteur et criminel qui se double d'un jeu intellectuel entre auteur et lecteur ;
- une manière spécifique d'organiser les informations sur le crime par le biais d'indices et de leurres.

Les victimes, les enquêteurs et l'enquête

Comme tout roman policier à énigme, *La Vérité sur l'affaire Harry Quebert* présente une victime dès le début du texte : dans le chapitre xxx, le narrateur annonce la découverte du cadavre de Nola Kellergan, disparue depuis 33 ans. Cet évènement déclenche l'enquête du sergent Gahalowood sur les meurtres de Nola et de Deborah Cooper, la deuxième victime, assassinée elle aussi le soir du 30 aout 1975. Au fur et à mesure que l'intrigue avance, d'autres victimes surgissent du passé : Louisa Kellergan et Luther Caleb, dont les morts mystérieuses n'avaient jamais donné lieu à une enquête. Enfin, un des criminels devient à son tour victime : l'ancien chef de police Pratt. Ce dernier rassemble en lui seul trois rôles typiques du genre policier : assassin (le soir du 30 aout 1975), enquêteur lors du meurtre de Deborah Cooper et de la disparition de Nola (septembre-octobre 1975), et enfin victime (en 2008).

Une telle profusion de victimes complexifie l'intrigue, d'autant plus qu'elle se double d'une abondance de coupables : le chef Pratt et Travis Dawn (les responsables des meurtres), Harry Quebert (auteur du vol du manuscrit *Les Origines du mal* et à l'origine d'une grande imposture éditoriale), Elijah Stern (coupable de l'agression de Luther Caleb), Nola Kellergan (meurtrière de sa propre mère).

À la découverte du cadavre de Nola succède la mise en place d'une enquête dont le but est de résoudre l'énigme du crime par le biais d'indices et d'un raisonnement logicodéductif. Dans ce roman, l'investigation est double, voire multiple. Le narrateur, Marcus Goldman, nous présente sa propre recherche visant à disculper Harry Quebert, accusé de double meurtre et d'enlèvement. Cette investigation s'oppose initialement à l'enquête officielle qui, elle, a mené à l'accusation de Harry Quebert sur la base de deux éléments : la découverte du cadavre de Nola dans le jardin de l'écrivain et la présence du manuscrit des *Origines du mal* dans le sac de la victime. Ces deux enquêtes se rassemblent lorsque le sergent Gahalowood accepte la collaboration de Marcus Goldman. Vers la fin du récit, une troisième enquête se manifeste : celle sur la paternité des *Origines du mal* et des *Mouettes d'Aurora*.

Le jeu intellectuel

Toute intrigue policière repose sur un jeu intellectuel : l'écrivain propose une énigme à son public et dans ce but, dissémine au fil de son texte des indices (par exemple, le rapport d'enquête de 1975) et des leurres (la prétendue violence de la mère de Nola) destinés à faire progresser ou à induire en erreur la réflexion du lecteur. Entre les deux instances se tisse ainsi un pacte de lecture, qui se traduit dans le domaine du policier par la soumission du récepteur aux informations délivrées par l'auteur. En contrepartie, ce dernier se doit de porter un soin particulier à l'enchainement des révélations : son objectif est de toujours garder une longueur d'avance sur le lecteur, sinon celui-ci pourrait deviner la chute du récit avant son dénouement et dès lors annihiler tout effet de suspense.

Ce jeu intellectuel se voit doublé ici d'un second défi lancé par Harry à Marcus et, par extension, au public : faire la lumière sur l'étrange manuscrit *Les Origines du mal* avec comme incitatif supplémentaire que son éclaircissement ne pourra que mettre fin à leur amitié.

Enfin, notons que ce roman présente une autre caractéristique du genre policier : l'enquête a, en général, une durée temporelle précisément délimitée et assez courte. Bien qu'elle fasse référence à des crimes commis 33 ans auparavant, l'enquête sur la mort de Nola Kellergan et Deborah Cooper dure environ cinq mois, de l'été à l'automne 2008. Le narrateur prend soin de nous indiquer les dates de manière précise et rigoureuse. Nous savons que l'enquête officielle commence le 12 juin 2008 et qu'elle prend fin au début du mois de novembre.

UN MÉTARÉCIT

La richesse du roman de Joël Dicker se mesure à la présence d'un thème typique du postmodernisme (courant du XXe siècle qui se caractérise par la remise en cause des idées majeures de la modernité) : la réflexion sur l'écriture littéraire.

En effet, *La Vérité sur l'affaire Harry Quebert* n'est pas seulement un polar, c'est aussi un texte métalittéraire parce que l'auteur y développe un questionnement sur la littérature, et ce de deux manières :

- par la présence d'autres textes dans le récit. Le livre comprend un certain nombre d'extraits provenant des manuscrits des *Origines du mal* et de *L'Affaire Harry Quebert*, d'articles de presse, du journal de Tamar Quinn, des billets de Nola ou encore de la correspondance entre Harry, Luther et Nola. Le narrateur nous laisse en outre entendre que le roman que nous avons acheté correspond à son troisième livre qui est en cours de rédaction et dont le titre est *La Vérité sur l'affaire Harry Quebert* ;
- par des réflexions sur l'écriture, la figure de l'écrivain et l'objet livre.

L'écriture est l'objet des échanges que Marcus et Harry avaient pendant les études du premier. Harry avait donné à son disciple une trentain de conseils ou règles que le narrateur énonce au début de chaque chapitre. Ce sont très souvent des conseils d'écriture, mais surtout des leçons de vie : « Marcus, savez-vous quel est le seul moyen de mesurer

combien vous aimez quelqu'un ? [...] C'est de le perdre. »
(p. 223) En outre, ils renvoient fréquemment à la boxe par le
biais de métaphores ou de comparaisons : « Écrire ou boxer,
c'est tellement proche. On se met en position de garde, on
décide de se lancer dans la bataille, on lève les points et on
se rue sur son adversaire. Un livre, c'est plus ou moins pareil.
Un livre, c'est une bataille. » (p. 167)

La figure de l'écrivain est un thème souvent abordé par
Marcus, lequel affirme vouloir être un grand auteur. Et
qu'est-ce que c'est qu'être un grand écrivain ? Son attitude
complaisante vis-à-vis de la gloire nous fournit quelques
éléments de réponse : cela signifie être un écrivain à succès,
et donc un auteur de bestsellers, autrement dit publier
des livres qui se vendent comme des petits pains. La vision
de l'écriture du narrateur n'est donc pas si différente de la
conception qu'en a Roy Barnaski. Pour ce dernier, les livres
ne sont que des produits interchangeables dont le seul but
est de rapporter de l'argent. Pour cela, il faut en vendre
beaucoup. Et pour ce faire, il existe deux moyens : occuper
l'espace médiatique et donner au public ce qu'il veut lire.
Si la première pratique semble être dédaignée par Marcus
adulte, ce n'était pas le cas lorsqu'il était à l'université : à
l'époque, il avait profité de la provocation de son professeur
Harry pour vendre (plus chers) les exemplaires de la revue
dans laquelle il publiait des nouvelles. Il s'était servi de
l'espace publicitaire que Harry lui avait offert pour devenir
populaire.

Le seul personnage qui problématise réellement les no-
tions d'écrivain et d'écriture est Harry, lorsqu'il explique :

« [É]crire a donné du sens à ma vie. Au cas où vous ne l'auriez pas encore remarqué, la vie, d'une manière générale, n'a pas de sens. Sauf si vous vous efforcez de lui en donner un et que vous vous battez chaque jour que Dieu fait pour atteindre ce but. [...] Être écrivain, c'est être vivant. » (p. 104) Malheureusement, ces affirmations ne sont pas discutées ou approfondies. À propos de l'écrivain, le narrateur évoque enfin une curieuse maladie les affectant de manière plus ou moins aigüe et régulière : la maladie de la page blanche, ce sentiment oppressant qui empêche de rédiger ne serait-ce qu'une seule ligne.

UN ROMAN SUR L'AMÉRIQUE

Choisissant les États-Unis comme cadre du récit, Joël Dicker fait sans doute un clin d'œil à la tradition américaine du roman noir. Son texte partage en effet avec ce genre sa composante sociologique : l'auteur ne nous prive pas de réflexions sur les traits, les sentiments et les tensions de cette entité qu'il nomme toujours « Amérique » et jamais États-Unis. Mais sa vision n'est pas constamment marquée par la noirceur, comme c'est le cas des romans noirs.

LE ROMAN NOIR

Le roman noir est un genre né aux États-Unis dans les années vingt et qui a connu un grand succès après la Seconde Guerre mondiale (1939-1945). Il s'agit d'un type de roman policier inscrit dans une réalité sociale particulière, sur laquelle il véhicule un message critique. Le roman noir est donc généralement porteur d'une vision très pessimiste du monde.

Une première image américaine surgit dès le début de l'histoire, lorsque Marcus accepte l'invitation de Harry à passer quelques semaines à Aurora, dans le New Hampshire. Elle concerne cet État, que l'auteur connait bien pour y avoir passé, enfant, ses étés :

> « C'est une Amérique dans l'Amérique, où les habitants ne ferment pas leur porte à clef ; un de ces endroits comme il n'en existe qu'en Nouvelle-Angleterre, si calme qu'on le pense à l'abri de tout. [...] J'aimais le New Hampshire : j'aimais sa tranquillité, j'aimais ses immenses forêts, j'aimais ses étangs couverts de nénuphars [...], j'aimais l'idée que l'on n'y payait ni taxe, ni impôt sur le revenu. Je trouvais que c'était un État libertaire et sa devise "Vivre libre ou mourir" frappée sur les plaques des voitures qui me dépassaient sur l'autoroute résumait bien ce puissant sentiment de liberté qui m'avait saisi à chacun de mes séjours à Aurora. » (p. 28-29)

L'image qui en ressort est édénique. On en retient un trait que le narrateur attribue à l'Amérique : un puissant sentiment de liberté qui se double d'un libéralisme économique. Une vision qui contraste légèrement avec les idées politiques de Marcus, qui se dit démocrate, et, surtout, avec l'évolution du récit. Mais cette Amérique dans l'Amérique n'est finalement pas une idylle : l'affaire Quebert montre que ses habitants ne sont pas à l'abri de tout. Même dans une ville charmante comme Aurora, où la population ne ferme pas les portes à clé, des évènements terribles peuvent advenir.

Le discours sur la liberté revient par le biais d'un personnage, l'avocat Benjamin Roth, républicain acharné, qui a une vision très désenchantée et utilitaire du droit :

> « C'est la beauté du droit en Amérique, Goldman : lorsqu'il n'y a pas de loi, vous l'inventez. Et si on ose vous chercher des poux, vous allez jusqu'à la Cour suprême qui vous donne raison et publie un arrêt à votre nom : Goldman contre État du New Hampshire. [...] La justice en Amérique, Goldman, c'est un travail d'équipe : tout le monde peut y participer. » (p. 54-55)

Le petit cours de droit que Roth donne à Marcus est sans doute trop simple. Cette prétendue absence de loi est-elle une véritable liberté ? Est-il si simple d'aller jusqu'à la Cour suprême et d'attaquer un État en Amérique ?

Outre le coté libéral et/ou libertaire est évoqué un autre trait typiquement associé aux États-Unis : le puritanisme. Dicker nous peint en effet l'Amérique comme un pays très prude où les histoires sexuelles font beaucoup de bruit et soulèvent l'indignation – et parfois la violence – populaire. Le narrateur évoque l'affaire Lewinsky, avant de nous proposer une histoire plus sordide, la relation entre une adolescente de 15 ans et un chef de police beaucoup plus âgé qu'elle. La liaison amoureuse entre Harry et Nola suscite des sentiments tout aussi gênants malgré le fait que dans ce cas, le sexe ne soit jamais évoqué de manière explicite.

Le narrateur semble dénoncer ce puritanisme en relatant un épisode qui a eu lieu pendant ses études universitaires. Lorsque, suite à une provocation de Harry, Marcus avait partagé ses préférences sexuelles avec tous les étudiants rassemblés dans l'amphithéâtre, il avait été convoqué par le doyen de la faculté de lettres pour un coup de savon officiel. Il avait alors poussé l'insolence jusqu'à affirmer :

> « Oh, rassurez-vous, Monsieur le doyen, ce n'était pas obscène. C'était simplement une bénédiction à l'intention de Dieu, de l'Amérique, du sexe et de toutes les pratiques qui peuvent en découler. [...] Vous savez, nous, les Américains, nous sommes un peuple qui aimons bénir. C'est culturel. Chaque fois que nous sommes contents, nous bénissons. » (p. 92)

MARCUS GOLDMAN, PERSONNAGE PHARE DE DICKER ?

Véritable succès de librairie, *La Vérité sur l'affaire Harry Quebert* n'a pas révélé tous ses secrets. Joël Dicker s'est en effet lancé dans l'écriture d'un nouveau roman en 2015 pour raconter cette fois le passé de Marcus Goldman. De l'aveu de l'auteur, il ne s'agit pas d'une suite à son roman, mais du roman des origines, celui à partir duquel tout découle. Dans ce roman intitulé *Le Livre des Baltimore*, Marcus Goldman revient sur son histoire familiale marquée par un drame sordide.

Ses grands-parents ont eu deux fils, desquels émanent deux branches distinctes de la famille : les Goldman de Montclair et ceux de Baltimore. Entre les deux frères est très vite apparue une rivalité qui les poursuivra toute leur vie. Nathan, le père de Marcus, était le préféré et avait été désigné pour reprendre l'entreprise familiale, une usine de matériel médical, tandis que Saul était relégué dans une université moins prestigieuse pour y suivre des cours de gestion. Bien des années plus tard, alors que l'entreprise est en passe de faire faillite, Nathan appelle à l'aide Saul qui parvient à éviter le pire. Durant les tractations, ce dernier réussit même à s'enrichir considérablement, ce qui fait naitre la jalousie de Nathan. Alors qu'il a souffert de cette situation, Saul répètera le même schéma avec ses deux fils Woody et Hillel. Mais cette fois, la jalousie entrainera des conséquences inimaginables qui marqueront à tout jamais l'histoire familiale.

Dans ce roman, on découvre un jeune Marcus envieux de la situation de l'autre branche des Goldman, bien plus riche que ne le sont ses parents. Il semble même avoir été honteux de sa condition modeste et avoir dénigré son père et sa mère qu'il jugeait responsables de cette situation. Durant sa jeunesse, toutes les occasions étaient bonnes pour partir quelques jours dans l'une des demeures de son oncle Saul. Ce n'est qu'à l'âge adulte qu'il décide d'enquêter sur l'origine des crispations entre son père et son frère et qu'il découvre tous les non-dits qui ont empoisonné l'histoire familiale.

PISTES DE RÉFLEXION

QUELQUES PISTES POUR APPROFONDIR SA RÉFLEXION…

* Marcus semble rejeter la vision de la littérature de son éditeur, mais est-ce que son livre et son activité s'opposent vraiment aux idéaux de Barnaski ?
* À la fin du roman, on apprend que Harry a construit sa carrière d'écrivain sur un grand mensonge. Trouvez-vous des affinités entre son personnage et celui du narrateur ?
* En offrant son quatorzième conseil à Marcus, Harry affirme : « Notre société a été conçue de telle façon qu'il faut sans cesse choisir entre raison et passion. La raison n'a jamais servi personne et la passion est souvent destructrice. » Commentez cette citation. D'après vous, Harry a-t-il penché plus vers la raison ou vers la passion dans sa relation avec Nola ?
* Dans le roman, *Les Origines du mal*, le chef-d'œuvre de Harry Quebert/Luther Caleb, n'est pas seulement encensé par la critique, mais il l'est aussi par le public. C'est un grand succès de librairie. Cela semble sous-entendre l'équation suivante : un bon livre est un bestseller. D'après vous, est-ce qu'un bestseller est toujours un bon livre ? Existe-t-il des livres très bons qui ne sont pas des bestsellers ?
* Le métarécit est considéré comme une caractéristique du XXe siècle, de la période que les historiens de la littérature appellent le postmodernisme. Expliquez en quoi il consiste dans *La Vérité sur l'Affaire Harry Quebert*. Connaissez-vous d'autres œuvres de la littérature fran-

çaise contemporaine qui présentent un métadiscours ?
- En quoi peut-on dire que ce récit est apparenté au roman noir ? Pour répondre, comparez-le à des exemples célèbres.

Votre avis nous intéresse !
Laissez un commentaire sur le site de votre librairie en ligne
et partagez vos coups de cœur sur les réseaux sociaux !

POUR ALLER PLUS LOIN

ÉDITION DE RÉFÉRENCE

- DICKER J., *La Vérité sur l'affaire Harry Quebert*, Paris, Éditions de Fallois/L'Âge d'Homme, 2012.

ÉTUDES DE RÉFÉRENCE

- DUBOIS J., *Le roman policier ou la modernité*, Paris, Nathan, 1992.
- REUTER Y., *Le roman policier*, Paris, Nathan, 1997.

www.lepetitlitteraire.fr/

ISBN version numérique : 978-2-8062-8243-9
ISBN version papier : 978-2-8062-8244-6
Dépôt légal : D/2016/12603/254

Avec la collaboration de René Henri pour le chapitre
« Marcus Goldman, personnage phare de Dicker ? »

Conception numérique : Primento,
le partenaire numérique des éditeurs.

Ce titre a été réalisé avec le soutien de la Fédération
Wallonie-Bruxelles, Service général des Lettres et du Livre.

Retrouvez notre offre complète sur lePetitLittéraire.fr

- des fiches de lectures
- des commentaires littéraires
- des questionnaires de lecture
- des résumés

ANOUILH
- Antigone

AUSTEN
- Orgueil et Préjugés

BALZAC
- Eugénie Grandet
- Le Père Goriot
- Illusions perdues

BARJAVEL
- La Nuit des temps

BEAUMARCHAIS
- Le Mariage de Figaro

BECKETT
- En attendant Godot

BRETON
- Nadja

CAMUS
- La Peste
- Les Justes
- L'Étranger

CARRÈRE
- Limonov

CÉLINE
- Voyage au bout de la nuit

CERVANTÈS
- Don Quichotte de la Manche

CHATEAUBRIAND
- Mémoires d'outre-tombe

CHODERLOS DE LACLOS
- Les Liaisons dangereuses

CHRÉTIEN DE TROYES
- Yvain ou le Chevalier au lion

CHRISTIE
- Dix Petits Nègres

CLAUDEL
- La Petite Fille de Monsieur Linh
- Le Rapport de Brodeck

COELHO
- L'Alchimiste

CONAN DOYLE
- Le Chien des Baskerville

DAI SIJIE
- Balzac et la Petite Tailleuse chinoise

DE GAULLE
- Mémoires de guerre III. Le Salut. 1944-1946

DE VIGAN
- No et moi

DICKER
- La Vérité sur l'affaire Harry Quebert

DIDEROT
- Supplément au Voyage de Bougainville

DUMAS
• Les Trois
  Mousquetaires

ÉNARD
• Parlez-leur
  de batailles,
  de rois et
  d'éléphants

FERRARI
• Le Sermon sur la
  chute de Rome

FLAUBERT
• Madame Bovary

FRANK
• Journal
  d'Anne Frank

FRED VARGAS
• Pars vite et
  reviens tard

GARY
• La Vie devant soi

GAUDÉ
• La Mort du
  roi Tsongor
• Le Soleil des
  Scorta

GAUTIER
• La Morte
  amoureuse
• Le Capitaine
  Fracasse

GAVALDA
• 35 kilos d'espoir

GIDE
• Les
  Faux-Monnayeurs

GIONO
• Le Grand
  Troupeau
• Le Hussard
  sur le toit

GIRAUDOUX
• La guerre de
  Troie
  n'aura pas lieu

GOLDING
• Sa Majesté des
  Mouches

GRIMBERT
• Un secret

HEMINGWAY
• Le Vieil Homme
  et la Mer

HESSEL
• Indignez-vous !

HOMÈRE
• L'Odyssée

HUGO
• Le Dernier Jour
  d'un condamné
• Les Misérables
• Notre-Dame
  de Paris

HUXLEY
• Le Meilleur
  des mondes

IONESCO
• Rhinocéros
• La Cantatrice
  chauve

JARY
• Ubu roi

JENNI
• L'Art français
  de la guerre

JOFFO
• Un sac de billes

KAFKA
• La Métamorphose

KEROUAC
• Sur la route

KESSEL
• Le Lion

LARSSON
• Millenium 1. Les
  hommes qui
  n'aimaient pas
  les femmes

LE CLÉZIO
• Mondo

LEVI
• Si c'est un
  homme

LEVY
• Et si c'était vrai…

MAALOUF
• Léon l'Africain

MALRAUX
- La Condition humaine

MARIVAUX
- La Double Inconstance
- Le Jeu de l'amour et du hasard

MARTINEZ
- Du domaine des murmures

MAUPASSANT
- Boule de suif
- Le Horla
- Une vie

MAURIAC
- Le Nœud de vipères

MAURIAC
- Le Sagouin

MÉRIMÉE
- Tamango
- Colomba

MERLE
- La mort est mon métier

MOLIÈRE
- Le Misanthrope
- L'Avare
- Le Bourgeois gentilhomme

MONTAIGNE
- Essais

MORPURGO
- Le Roi Arthur

MUSSET
- Lorenzaccio

MUSSO
- Que serais-je sans toi ?

NOTHOMB
- Stupeur et Tremblements

ORWELL
- La Ferme des animaux
- 1984

PAGNOL
- La Gloire de mon père

PANCOL
- Les Yeux jaunes des crocodiles

PASCAL
- Pensées

PENNAC
- Au bonheur des ogres

POE
- La Chute de la maison Usher

PROUST
- Du côté de chez Swann

QUENEAU
- Zazie dans le métro

QUIGNARD
- Tous les matins du monde

RABELAIS
- Gargantua

RACINE
- Andromaque
- Britannicus
- Phèdre

ROUSSEAU
- Confessions

ROSTAND
- Cyrano de Bergerac

ROWLING
- Harry Potter à l'école des sorciers

SAINT-EXUPÉRY
- Le Petit Prince
- Vol de nuit

SARTRE
- Huis clos
- La Nausée
- Les Mouches

SCHLINK
- Le Liseur

SCHMITT
- La Part de l'autre
- Oscar et la
  Dame rose

SEPULVEDA
- Le Vieux qui
  lisait des romans
  d'amour

SHAKESPEARE
- Roméo et Juliette

SIMENON
- Le Chien jaune

STEEMAN
- L'Assassin
  habite au 21

STEINBECK
- Des souris et
  des hommes

STENDHAL
- Le Rouge et
  le Noir

STEVENSON
- L'Île au trésor

SÜSKIND
- Le Parfum

TOLSTOÏ
- Anna Karénine

TOURNIER
- Vendredi ou
  la Vie sauvage

TOUSSAINT
- Fuir

UHLMAN
- L'Ami retrouvé

VERNE
- Le Tour
  du monde
  en 80 jours
- Vingt mille
  lieues sous
  les mers
- Voyage au
  centre de
  la terre

VIAN
- L'Écume des jours

VOLTAIRE
- Candide

WELLS
- La Guerre des
  mondes

YOURCENAR
- Mémoires
  d'Hadrien

ZOLA
- Au bonheur
  des dames
- L'Assommoir
- Germinal

ZWEIG
- Le Joueur
  d'échecs

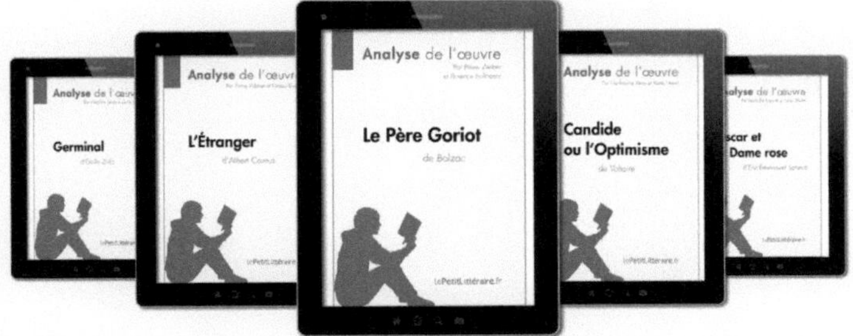